Dieses Buch widme ich meiner lieben Lola und Filippa,
die mir mit ihrer Begeisterungsfähigkeit, Fantasie und
Neugierde immer wieder zeigen, wie schön es sein kann,
die Welt mit Kinderaugen zu betrachten.

Adelina Makondzo

Bunte Wunderwelten basteln

Wald, Eispalast oder Bauernhof: 11 verschiedene Bastelwelten für deine Tonie®-Figuren

Für Fragen und Anregungen
info@mvg-verlag.de

1. Auflage 2022
Originalausgabe © 2022 by mvg Verlag,
ein Imprint der Münchner Verlagsgruppe GmbH
Türkenstraße 89 | 80799 München
Tel.: 089 651285-0 | Fax: 089 652096

Weitere Informationen zum Verlag finden Sie unter
www.mvg-verlag.de | www.m-vg.de

Redaktion: Helene Weinold
Umschlaggestaltung: Catharina Aydemir
Umschlagabbildung und Abbildungen Innenteil:
Adelina Makondzo
Layout: Catharina Aydemir
Satz: feschart print- und webdesign, Michaela Röhler, Leopoldshöhe
Druck: Florjancic Tisk d.o.o., Slowenien
Printed in the EU

ISBN Print 978-3-7474-0434-8
ISBN E-Book (PDF) 978-3-96121-831-8
ISBN E-Book (EPUB, Mobi) 978-3-96121-832-5

mvgverlag

Wir produzieren nachhaltig
www.m-vg.de

Inhalt

Vorwort 5
Materialempfehlungen 7

Die Welt der Tonies
Waldwelt 12
Meereswelt 17
Magische Welt 23
Mittelalterwelt 32
Farmwelt 38
Eiswelt 47
Inselwelt 57
Hochseewelt 65
Pferdewelt 72
Raumfahrtwelt 81
Showwelt 86

Welten kombinieren 92
Vorlagen 95

Vorwort

Liebe Leserin, lieber Leser,

ich freue mich, mit dir gemeinsam Tonie-Welten zu erschaffen!
Tonies® – das sind kleine Figuren, die Geschichten erzählen oder Hörspiele wiedergeben, wenn man sie auf die zugehörige Toniebox® setzt. Diese pfiffigen und praktischen Rekorder stehen in vielen Kinderzimmern – vielleicht auch in deinem.

Die Tonies® bereichern unsere Welt mit spannenden und schönen Geschichten, verwunschenen Märchen, wissenswerten Fakten und stimmungsvollen Liedern. Sie muntern uns an verregneten Tagen auf, bringen uns mit ihren Abenteuern zum Staunen und wiegen uns zu abendlichen Stunden ins Land der Träume. Mit ihren Erzählungen entführen uns die Tonies® in die Welt der Fantasie. Wäre es daher nicht großartig, ihnen etwas zurückzugeben? Ob Hexen oder Drachen, Tiere oder Fabelwesen, Olchis, Wikinger oder Gespenster: Sie alle freuen sich über ein liebevoll gestaltetes Zuhause.

In diesem Buch will ich dir zeigen, wie du die Wohnorte und Landschaften deiner Tonies® zum Leben erwecken kannst. Spiele mit deinem Ideenreichtum und lass deine Vorstellungskraft mit einfließen. Alte Kartons, die Pappkerne von Küchen- oder Toilettenpapierrollen, Schwämme, Bastelkleber, Farbe und ein bisschen Glitzer sind die wichtigsten Materialien, aus denen du fantastische Welten für deine Tonies® erschaffen kannst.

Lasse dich von verschiedenen Welten inspirieren und erkunde nach einem Besuch auf dem Pferdehof das geheimnisvolle Inselparadies. Spaziere am ländlichen Farmhaus entlang und schwimme zwischen den bunten Fischen unter den Wellen des Meeres. Tauche aus den Tiefen der Unterwasserwelt auf und fliege mit dem Raumschiff bis zu den Sternen ins Weltall. Reite durch die Wälder, bereise das altertümliche Schloss, die spukende Burg, den Eispalast und die große Showbühne.

Statt die Anleitungsschritte strikt zu befolgen, kannst du sie als Motivation und Anregung nutzen. Du wirst erstaunt sein, wie du mit viel Vergnügen einen Ort kreierst, den deine Tonies® nie mehr vermissen möchten. Denn auch in dir schlummert eine Erfindungsgabe, welche nur darauf wartet, in deinen Bastelkünsten ausgelebt zu werden.

Darauf kannst du sehr stolz sein!
Ich wünsche dir viel Freude und kreative Stunden!

Deine Adelina

Acrylfarbe
SEIDENMATT

Material-empfehlungen

Bevor du loslegen kannst, sieh dir an, welche Materialien du für deine Tonie®-Welten benötigst.

Kartons

Als Basis der jeweiligen Welt dient meistens ein flacher Karton oder ein Kartondeckel. Die untere Hälfte eines Pizzakartons könnte beispielsweise eine ausgezeichnete Grundfläche für eine Tonie®-Welt ergeben. Einige Kartons haben abnehmbare Deckel, wohingegen bei anderen der Deckel am Karton befestigt ist. Hebe oder schneide den Kartondeckel sauber ab. Falls der Pappkarton eine ungeeignete Größe oder Höhe hat, kannst du ihn gerne auf die gewünschte Form zuschneiden oder mit einem weiteren Karton kombinieren.
Schaue dich doch mal zu Hause um, ob nicht irgendwo bereits ein passender Karton auf dich wartet.

Schachteln, Pappe und Papphröhren

Toll, dass du dich entschieden hast, eine Tonie®-Welt zu basteln! Ab jetzt heißt es sammeln, sammeln, sammeln. Die Welten bestehen nämlich hauptsächlich aus alltäglichen Materialien wie Pappschachteln, Pappe, Toilettenpapierrollen, aber auch Eierpappkartons und Getränke- sowie Lebensmittelverpackungen. Gebäude entstehen aus allerlei Schachteln mit rechteckigem oder quadratischem Grundriss. Bestimmt findest du geeignete Behältnisse bei euch zu Hause, die du vor dem Altpapier retten kannst.

Von den Papphröhren aus Toilettenpapierrollen zupfst du alle Papierreste ab, dann sind sie das perfekte Baumaterial für Türme von Schlössern und Burgen oder eine Palme für deine Inselwelt.

Vielfältige Gestaltungsmöglichkeiten stecken in Eierkartons: Zum Beispiel werden die spitzen Innenteile im Handumdrehen zu Dächern für Schlosstürme.

Acrylfarben

Die Tonie®-Welten in diesem Buch werden mit Acrylfarben und Pinseln gestaltet. Acrylfarben eigenen sich besonders gut, um Kartons und Pappe anzumalen. Insbesondere bei bedruckten Schuhkartons oder Lebensmittelverpackungen ist die hohe Deckkraft der Acrylfarben von großem Vorteil!

Mit den Grundfarben Gelb, Rot und Blau kannst du die verschiedensten Farbtöne mischen. Mit Weiß und Schwarz kannst du die Farben entweder aufhellen oder abdunkeln. Es gibt aber auch pastellfarbige und metallische Farbtöne, mit denen du dein Sortiment erweitern kannst.

Acrylfarben unterscheiden sich in ihrer Qualität. Manchmal reicht bereits eine Schicht Farbe, um den Untergrund blickdicht zu bemalen. Sind mehrere Schichten nötig, die Farbe zwischen den Anstrichen kurz trocknen lassen!

Acrylfarben lassen sich mit Wasser verdünnen und auswaschen – allerdings nur, solange sie nicht getrocknet sind.

Buntpapier, Tonkarton und Glitzerpapier

Für einige Tonie®-Welten benötigst du Buntpapier oder Tonkarton. Beide Materialien gibt es in allen möglichen Ausführungen: einfarbig, gemustert, glänzend, matt oder auch glitzernd. Der Unterschied zwischen Buntpapier und Tonkarton wird deutlich, wenn du ein Stück zerreißt: Buntpapier ist innen weiß. Die Farbe von Tonkarton hingegen ist durchgehend aufgetragen. Er ist somit auch innen farbig.
Ein einfacher DIN-A4-Block mit buntem Papier ist ausreichend. Je nachdem, wofür du das Papier verwendest, empfiehlt sich stärkeres und stabileres oder auch dünneres und biegsameres Papier.
Vielleicht hast du zu Hause schon eins, mit dem du gut arbeiten kannst.

Bastelsand und Glitzerpulver

Bastelsand oder Glitzerpulver kannst du verwenden, um deine Tonie®-Welt so richtig zum Funkeln zu bringen! Ich habe es beispielsweise bei Gewässern benutzt, um dadurch einen schimmernden Effekt zu erzeugen.

Pinsel

Für das Bemalen der Tonie®-Welten reichen wenige Pinsel mit unterschiedlichen Pinselgrößen völlig aus.
Mit einem Rundpinsel kannst du feine Details und die Ecken, mit einem Flachpinsel größere Oberflächen bemalen.
Empfehlenswert ist zusätzlich ein Spalter-Pinsel, ein großer und breiter Flachpinsel, der sich besonders gut zum Bemalen großflächiger Elemente und für Grundierungen eignet.
Pinsel, die du gerade nicht verwendest, stellst du vorübergehend in einen Becher voll Wasser oder spülst sie sofort aus, damit die Acrylfarbe nicht antrocknet und die Borsten oder Haare verklebt. Lass die Pinsel nicht zu lang im Wasser stehen, damit die Borsten oder Haare nicht krumm werden oder gar brechen!
Bevor du zu malen beginnst, solltest du den Tisch mit einer unempfindlichen Unterlage abdecken – das können alte Zeitungen, eine Wachstuch-Tisch-

decke oder ein großes Stück Pappe sein. Dann bereitest du deine Mischpalette mit den Acrylfarben für das jeweilige Projekt vor. Falls du keine Mischpalette hast, nimm stattdessen ein Stück Alufolie.

Klebstoff

Die einzelnen Teile der Tonie®-Welten werden mit Heißkleber verbunden, der gut hält und schnell fest wird.

Sicherheitshinweis
Berühre weder den Kleber noch die Düse im vorderen Bereich der Heißklebepistole, da diese sehr heiß sind und zu Verbrennungen führen können. Fasse nur den Griff des Geräts an. Halte bei Hautkontakt die betroffene Stelle sofort unter kaltes Wasser. Versuche nicht, den Kleber von der Haut zu lösen oder zu entfernen. Suche gegebenenfalls eine Ärztin oder einen Arzt auf.
Bitte benutze die Heißklebepistole nur unter Aufsicht einer erwachsenen Person! Solltest du dich selbst bei der Verwendung unsicher fühlen, lasse den Anleitungsschritt von einer erwachsenen Person ausführen.

Sobald du eine Klebepatrone in die Heißklebepistole eingeführt hast, dauert es wenige Minuten bis diese einsatzbereit ist. Klebe die einzelnen Elemente nach dem Aufragen des Klebers sofort zusammen und drücke sie, wenn nötig, mit den Fingern vorsichtig zusammen. Der Kleber wird innerhalb weniger Sekunden fest. Ziehe den Stecker aus der Steckdose, solange du die Heißklebepistole nicht benötigst.
Für einige Welten brauchst du außerdem Bastelkleber, einen weißen, flüssigen Kleber. Klebestifte für Papier und Alleskleber können bisweilen ebenfalls nützlich sein.

Weiteres Material

Um Meereswogen darzustellen, eignet sich Küchenkrepp besonders gut: Wenn du einzelne Blätter der Küchenrolle in Bastelkleber tunkst, kannst du sie zu interessanten Strukturen formen und trocknen lassen.
Nützlich für verschiedene Tonie®-Welten sind auch flache Bastelstäbchen aus Holz (»Eisstiele«), die es in Hobbygeschäften zu kaufen gibt. Damit kannst du beispielsweise das Dach für die Scheune deiner Farmwelt decken oder eine Zugbrücke für die mittelalterliche Burg bauen.

Bäume und Sträucher entstehen aus Schwämmen, die du in Stücke reißt und mit Acrylfarbe anmalst. Die Bäume bekommen Stämme aus Fingerfood-Spießchen oder aus Stöckchen, die du im Garten oder im Wald findest.

Zum Ausgestalten deiner Tonie®-Welten kannst du vieles verwenden, was du im Haushalt oder in der Natur findest:
Dekopilze oder -blüten, Rindenstücke, Stöckchen, schöne Kieselsteine, Krepppapier, Tonkarton, Glitzerpulver und vieles mehr. Verzichte aber auf frische Materialien wie Beeren oder Pilze, die schimmeln könnten.

Einige Materialien wirst du bestimmt schon zu Hause haben:

- Lineal
- Bleistift
- Schere
- Wasserbecher
- Alufolie oder Mischpalette
- Unterlage

Die Materialauswahl in den einzelnen Anleitungen ist lediglich eine Empfehlung und Hilfe für dich und dient der Orientierung. Wie genau du deine Tonie®-Welt gestaltest, für welche Materialien und Anordnung du dich entscheidest und welche Kartons, Acrylfarben und Farbtöne du verwendest, entscheidest du selbst. Verschönere die Tonie®-Welten mit deinen eigenen kreativen Ideen und gehe dabei deinen persönlichen Wünschen und Vorlieben nach. Ich bin mir sicher, so wirst du ein einzigartiges Zuhause für deine Tonies® erschaffen.
Am Anfang jeder Anleitung findest du zwei Motive – einen Pinsel und eine Uhr. Diese helfen dir dabei einzuschätzen, wie knifflig und zeitaufwendig die Bastelarbeit sein wird.

1 Pinsel	Das ist recht einfach!	1 Uhr	Das geht fix!
2 Pinsel	Das ist schon etwas kniffliger!	2 Uhren	Das nimmt ein wenig Zeit in Anspruch!
3 Pinsel	Das könnte schwierig sein, aber sei mutig und trau dich ran!	3 Uhren	Das könnte länger dauern. Plane dir ausreichend Zeit ein. Es wird sich lohnen!

Fang doch gleich mit einer einfachen Welt an und arbeite dich zu den schwierigeren Welten vor. Oder probiere es mit der Tonie®-Welt, die dich am meisten interessiert. Klar ist, dass jede einzelne Welt etwas ganz Besonderes ist und nur darauf wartet von dir gebastelt zu werden! Im nächsten Kapitel geht es endlich los, viel Spaß!

Die Welt der Tonies®

Waldwelt

Der Grüffelo oder Bobo Siebenschläfer, Heule Eule, der kleine Maulwurf oder Winnie Puuh freuen sich über eine idyllische Waldlandschaft, in der sie wohnen können.

Material

- Pappkarton ohne Deckel
- Heißklebepistole mit Klebepatrone
- Lineal
- Bleistift
- Schere
- Wasserbecher
- Mischpalette oder Alufolie
- Acrylfarben (Grün, Gelb und Schwarz)
- Pinsel
- Unterlage
- Spieße (z. B. für Fingerfood), Holzstäbe oder dünne Stöcke
- 2 Schwämme
- Dekopilze
- Naturmaterialien, z. B. Dekosteine oder gesammelte Steine, Baumrinde oder Stöcke

Tipp
Verwende keine Materialien wie echte Pilze oder Beeren, die schimmeln könnten!

Anleitung

1

Entferne den Deckel des Pappkartons oder schneide ihn mit einer Schere ab.

2

Aus den Schwämmen werden später Bäume und Gebüsch. Zerreiße die Schwämme in mehrere Teile. Teile. Die größeren Schwammteile bilden später die Baumkronen, aus den kleineren entstehen die Sträucher. Du brauchst ungefähr vier große und drei kleine Schwammstücke.

3

Deck den Tisch mit einer unempfindlichen Unterlage ab und bereite deine Mischpalette mit den entsprechenden Acrylfarben vor (siehe Seite 13).

4

Als
Erstes malst du den Pappkarton an. Dabei kannst du die drei Farben miteinander vermischen oder übereinander malen. Tupfe mit dem Pinsel, um deinem Wald Struktur zu verleihen.

5

Bemale anschließend auf deiner Unterlage die einzelnen, zerkleinerten Schwämme. Verwende ebenfalls alle drei Farben. So entstehen unterschiedliche Grüntöne, und das lässt die späteren Bäume realistisch aussehen.

6

Die größten Schwämme stellen die Bäume dar. Jeder Baum braucht einen Stamm. Lege dir dafür so viele Spieße bereit, wie du Baumkronen hast. Male die Spieße mit brauner Acrylfarbe an.

Tipp
Steck die Spieße zum Trocknen in ein übrig gebliebenes Stück Schwamm oder Styropor oder stell sie in ein Glas. So kleben sie nicht auf der Unterlage fest.

7

Stelle alles, was du bemalt hast, zur Seite und lasse die Farbe über mehrere Stunden trocknen.

8

Wenn alles getrocknet ist, setzt du die Bäume aus den Spießen und den Schwammteilen zusammen. Dazu trägst du etwas Heißkleber auf das spitze Ende jedes Holzspießes auf.

9

Dann stichst du den Spieß sofort in einen bemalten Schwamm. Auf diese Weise stellst du alle Bäume fertig.

10

Nun gestaltest du deine Waldwelt liebevoll mit Steinen, Holzstücken, Schwamm-Büschen und Dekopilzen oder anderen Elementen aus, die du dafür zusammengetragen hast. Du kannst auch mehrere Teile zusammenkleben und zum Beispiel aus zwei Holzstücken eine Hütte bauen. Wenn dir die Anordnung gefällt, klebst du die einzelnen Teile mit Heißkleber fest.

11

Zuletzt befestigst du die Bäume mit Heißkleber an den gewünschten Stellen.

Fertig ist deine Waldwelt! Nun haben alle Tiere des Waldes, Hexen, aber auch andere waldbewohnende Wesen einen heimischen Ort, in dem sie sich niederlassen können. Lade deine Tonies® in ihr neues Zuhause ein!

Die Welt der Tonies®

Meereswelt

Der kleine Wassermann, Alea Aquarius, der Was-ist-was-Wal oder der Clownfisch Nemo werden begeistert sein, wenn sie in eine geheimnisvolle Meereswelt in tiefen Blautönen einziehen dürfen.

Material

- Pappkarton ohne Deckel, mindestens 10 cm hoch
- Heißklebepistole mit Klebepatrone
- Unterlage
- Schere
- Wasserbecher
- Mischpalette oder Alufolie
- Küchenrolle
- Bastelkleber oder Kleister
- Schüssel
- etwas Wasser
- Acrylfarben (reines oder gebrochenes Weiß, verschiedene Blautöne, Schwarz)
- weitere Acrylfarben für das Riff und die Wassertiere (hierfür eignen sich insbesondere leuchtende, intensive und metallische Farben!)
- Pinsel
- kleine und große Muscheln
- helle Dekosteine
- Sand

Anleitung

1

Entferne den Deckel des Pappkartons oder schneide ihn mit einer Schere ab. Drehe den Pappkarton so, dass eine lange Seite zu dir zeigt. Schneide die linke und rechte Kante ein und klappe den vorderen Teil des Kartons nach vorne. Schneide anschließend die linke und rechte Seite des Pappkartons wellenförmig zu.

2

Mit Küchenkrepp und Bastelkleber gestaltest du das Meer mit seinen Wellen. Stell die Schüssel, die Küchenrolle, den Bastelkleber und den Karton auf eine unempfindliche Unterlage und gieße den Bastelkleber in eine Schüssel. Sollte er zu dickflüssig sein, kannst du ihn mit etwas Wasser verdünnen.

Reiße Stücke von der Küchenrolle ab, tauche sie in den Bastelkleber und drücke sie auf den Boden des Kartons. Welchen Teil des Kartons du bekleben willst, kannst du selbst entscheiden. Außerdem kannst du mehrere Schichten übereinanderkleben, damit deine Wellen besonders echt aussehen. Wenn du zufrieden bist, stellst du den Karton zum Trocknen für einige Stunden oder besser noch über Nacht beiseite.

3

Wenn die Küchenkrepp-Wellen trocken und fest sind, kannst du deine Wasserwelt bemalen. Bereite die Mischpalette mit den Farben Schwarz, Weiß und verschiedenen Blautönen vor (siehe Seite 18).

4

Bemale das Wasser mit unterschiedlichen Blautönen. Zum Wasser zählen der mit Küchenkrepp ausgekleidete Bereich und die Wände des Pappkartons. Der vordere, nicht beklebte Teil des Kartons wird nicht angemalt.

5

Deute mit schwarzer und weißer Acrylfarbe besonders tiefe Stellen im Wasser an.

> Wusstest du, dass besonders dunkle Bereiche auf sehr tiefe oder mit Unterwasserpflanzen besiedelte Stellen im Meer hindeuten?

6

Mit weißer Farbe setzt du Akzente, um schäumende Wellen und die Gischt darzustellen, die besonders am Strand anbrandet.

7

Nun gestaltest du den Sandstrand: Auf dem vorderen, nicht bemalten Bereich verstreichst zu mit einem Pinsel oder mit den Fingern Bastelkleber.

8

Dann streust du vorsichtig Sand auf den noch feuchten Kleber.

9

Wenn die blaue Acrylfarbe an den Wänden des Pappkartons getrocknet ist, kannst du dich an die Feinheiten wagen und deine Meereswelt zum Leben erwecken. Ergänze deine Mischpalette mit weiteren bunten Farben deiner Wahl.

10

Bevor deine Tonies® einziehen, machen es sich Korallen, Unterwasseralgen und andere Meereslebewesen in deiner Welt bequem. Die hier abgebildeten Pflanzen und Tiere sollen dich zu eigenen fantasievollen Kreationen inspirieren, denn unter Wasser gibt es eine schier grenzenlose Fülle an Farben und Formen.

Algen und Korallen

Schritt 1

Schritt 2

Fische und andere Tiere

Schritt 1

Schritt 2

Schritt 3

11

Male viele bunte Tiere und Pflanzen ganz nach deinem Geschmack an die Wände des Pappkartons, sodass eine prächtige Unterwasserwelt entsteht.

12

Zuletzt befestigst du mit Heißkleber weiße Dekosteine und Muscheln im und am Wasser. Mehrere zusammengeklebte Steine können Felsen und Klippen darstellen.

Blühender Seetang, bunte Korallenriffe, fröhliche Fische, tanzende Quallen und singende Kraken: Wo könnten Unterwasserlebewesen glücklicher sein als in deiner Meereswelt? Zeige deinen Tonies®, wie viel Freude ihnen ihr neues Zuhause bereiten kann und auf welch nasse Abenteuer sie sich einstimmen können.

Die Welt der Tonies®

Magische Welt

Wo könnten sich Hexen und Zauberer, Elfen, Feen und andere märchenhafte Wesen wohler fühlen als in einer traumhaft magischen Welt mit einem Fantasieschloss in Pink und Violett?

Material

- Pappkarton ohne Deckel
- Pappschachtel, würfel- oder quaderförmig
- Eierkarton für 10 Eier
- 5 Pappkerne von Toilettenpapierrollen
- Heißklebepistole mit Klebepatrone
- Schere
- Pinsel
- Wasserbecher
- Mischpalette oder Alufolie
- Krepppapier in Rosa
- Acryfarben (Weiß, Silber, Rosa, Violett, Schwarz)
- Glitzerpulver in Rosa oder Pink, Lila oder Violett und Silber
- 7–10 Dekoblüten

Anleitung

1

Aus Kartons und anderen Pappteilen lässt du deine magische Welt im Groben entstehen. Entferne den Deckel des Pappkartons oder schneide ihn mit einer Schere ab. Von den Pappröhren der Toilettenpapierrollen entfernst du gegebenenfalls alle Papierreste (siehe Seite 8). Schneide nun die spitzen Dächer für vier Türmchen vorsichtig aus dem Eierschalenkarton heraus. Es ist nicht immer eine Schere notwendig. Manchmal lassen sie sich ganz leicht und vorsichtig abreißen.

2

Auf zwei Pappröhren setzt du jeweils eines der Dachhütchen. Falls die Hütchen zu klein sind, um sie auf der Röhre zu platzieren, kannst du sie leicht zusammendrücken und in die Röhre stecken (rechts im Bild). Die so vorbereiteten Schlosstürme stellst du vorerst zur Seite.

3

Für die großen Schlosstürme halbierst du die dritte Toilettenpapier-Röhre quer und schneidest in beide Teile jeweils zwei Schlitze. Sie sollten einen Abstand von ungefähr 4–5 cm haben und 2 cm tief sein.

4

Drehe die zugeschnittenen Röhren so, dass die Schlitze nach unten zeigen, und stecke sie auf die vierte und fünfte Toilettenpapier-Röhre. Nun sind auch die großen Schlosstürme fast fertig.

5

Für die Zinnen schneidest du in die Oberkante des unteren Turmteils mit der Schere vier kleine Schlitze.

6

Jede zweite der so entstandenen Laschen schneidest du ab.

7

Klebe alle vier Türmchen mit der Heißklebepistole zusammen. Bei Dachhütchen, die auf dem Turm platziert werden, bringst du den Heißkleber am inneren Dachrand an.

8

Bei Dachhütchen, die in den Schlossturm gesteckt werden, tupfst du den Heißkleber außen auf die Unterkante des Daches.

9

Nun können deine Türme das Schloss zieren.

10

Überlege, wo dein Schloss stehen soll, und positioniere die würfel- oder quaderförmige Pappschachtel an der gewünschten Stelle im Pappkarton.

11

Entscheide, wo die Schlosstürme platziert werden sollen. Wenn du zufrieden bist, trägst du Heißkleber auf die offenen Kanten der Schachtel für das Schloss und auf die Unterkanten der Schlosstürme.

Die Teile klebst du an die vorgesehenen Stellen.

12

Bereite deine Mischpalette mit den Acrylfarben für deine magische Welt vor (siehe Seite 24).

13

Bemale den Schlosshof mit weißer Acrylfarbe.

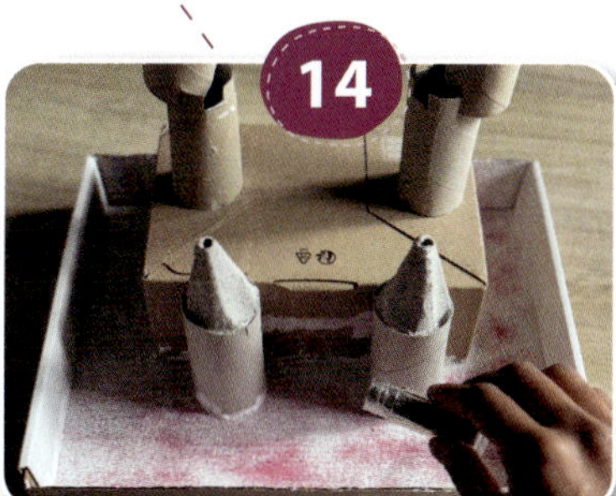

14

Solange
die Farbe noch feucht ist, streust du Glitzerpulver in Rosa und Silber auf den Boden.

15

Suche dir eine Acrylfarbe für dein Schloss aus und male die »Schlossschachtel« damit an. Ich habe mich für ein kräftiges Rosa entschieden.

16

Male einen Schlossturm bis zur halben Höhe mit violetter Acrylfarbe an. Beginne unten und male bis zur Mitte des Turmes.

17

Die obere Hälfte des Schlossturmes malst du rosa an.
Der Pinsel muss dafür nicht gewechselt oder ausgewaschen werden. Versuche, durch Über- und Ineinandermalen einen weichen Farbverlauf zu schaffen. Die übrigen drei Schlosstürme bemalst du genauso.

18

Bemale die aufgesetzten oberen Teile der zweiteiligen Türme komplett mit violetter Acrylfarbe. Dazu kannst du sie abnehmen, damit dir das Malen leichter fällt.

19

Bestreue die Türme mit lilafarbenem Glitzerpulver, solange die Farbe noch feucht ist. Anschließend setzt du die Türme wieder zusammen.

20

Die Spitzdächer der Türmchen malst du mit der silbernen Acrylfarbe an.

21

Bestreue die Dächer mit silberfarbenem Glitzerpulver, solange sie noch feucht sind. Jetzt sieht dein Zauberschloss schon ziemlich eindrucksvoll aus.

22

Um dem Schloss eine besonders zauberhafte Wirkung zu verleihen, verteilst du Dekoblüten auf dem Schloss, auf den Türmen und auf dem Schlosshof. Wenn du mit der gewünschten Position zufrieden bist, befestigst du sie mit Heißkleber.

23

Verziere das Schlossdach mit Schnörkeln um die Blumen herum. Das geht am besten mit einem feinen Pinsel und schwarzer Acrylfarbe.

24

Jetzt sind die Fenster und das Tor an der Reihe. Male mit weißer Acrylfarbe Fenster an die Schlosstürme. Falls die Schlosstürme mit Blumen verziert wurden, ist das gar nicht schlimm! Dann male nur die freien Türme an.

25

Auch an die Schlossmauern selbst kommen weiße Fenster. Schaue dir das Bild links an und versuche, Rundbogenfenster zu malen, wenn du möchtest. Keine Angst, wenn das nicht klappt. Viereckige Fenster sind genauso schön.

> Wusstest du, dass die Fenster an Burgen und Schlössern nicht viereckig, sondern oft abgerundet sind?

26

Umrahme das Tor und die Fenster mit schwarzer Farbe und einem feinen Pinsel.

27

Auf die Fenster malst du zusätzlich ein Fensterkreuz. Das Tor benötigt kein Fensterkreuz.

28

Fast fertig bis auf ein paar dekorative Details! Auf den Schlosstürmen fehlen noch Fähnchen.

29

Schneide aus rosafarbenem Krepppapier 20 Streifen von jeweils 8–10 cm Länge zu.

30

Jeweils fünf Streifen verdrillst du an einem Ende miteinander: Du drehst alle fünf Streifen zugleich in eine Richtung, bis sie nicht mehr auseinanderfallen.

31

Die Dächer deiner Schlosstürme sollten oben jeweils ein kleines Loch haben. Bei den meisten Eierkartons ist das sogar schon vorhanden. Wenn nicht, stichst du vorsichtig mit einer Schere in die Dachspitze. Dann tupfst du Heißkleber auf die Spitze des Daches.

32

Bevor der Heißkleber fest wird, steckst du schnell ein Fähnchen in das Loch.

33

Falte es auseinander und schneide gegebenenfalls die Enden kürzer, falls sie zu lang sind. Auf diese Weise verzierst du alle vier Schlosstürme.

Deine magische Welt ist bereit für den Empfang von Prinzessinnen und Prinzen, Feen und anderen Zauberwesen: Herzlich willkommen in eurem neuen Zuhause!

Die Welt der Tonies®

Mittelalterwelt

Wo könnten Asterix, Ritter Rost, Hui Buh oder das kleine Gespenst passender wohnen als in einer mittelalterlichen Burg mit einem Hof für spannende Turniere?

Material

- Pappkarton ohne Deckel
- 1 quaderförmige Pappschachtel oder 2 würfelförmige Pappschachteln
- 6 Pappröhren von Toilettenpapierrollen
- Heißklebepistole mit Klebepatrone
- Unterlage
- Schere
- Wasserbecher
- Mischpalette oder Alufolie
- Acrylfarben (Weiß, Gelb, Grün, Braun, Schwarz)
- Pinsel
- 7 flache Bastelstäbchen aus Holz (»Eisstiele«)

Anleitung

1

Entferne den Deckel des Pappkartons oder schneide ihn mit einer Schere ab (siehe Seite 7). Dieser Deckel ist der Hof, auf dem deine Burg errichtet wird. Von den Pappröhren der Toilettenpapierrollen entfernst du eventuell noch übrig gebliebenes Papier.
Schneide mit der Schere in alle sechs Pappröhren eine gerade Anzahl an Schlitzen ein. Klappe jede zweite Lasche um und schneide sie ab.

> Wusstest du, dass die meisten Burgen im Mittelalter gebaut wurden? Die Menschen wollten sich so im Krieg schützen. Die Burgen wurden oftmals auf hohen Hügeln errichtet, sodass die Soldaten eine bessere Sicht auf ihre Feinde hatten. Auch die hohen Mauern und die Gräben boten Schutz.

2

Die Burg selbst entsteht aus einer quaderförmigen oder zwei würfelförmigen Schachteln. Falls deine Schachteln Deckel haben, schneidest du sie ab, sodass die Schachteln oben offen sind. In jede der Oberkanten schneidest du eine gerade Anzahl an Schlitzen ein, klappst jede zweite Lasche um und schneidest sie ab. Die Schachteln stellen später deine Burg dar, die Pappröhren die Burgtürme.

3

Platziere die Burg mittig an der hinteren Hofmauer und klebe sie mit Heißkleber fest. Befestige anschließend je einen Turm links und rechts an der Vorderkante der Burg.

4

Klebe eines der sieben Bastelstäbchen in der Mitte vor der Burg auf dem Burghof fest. Falls es zu lang ist, kannst du es mit einer kräftigen Schere passend zuschneiden. Dieses erste Stäbchen dient zur Orientierung. Links und rechts davon klebst du je zwei weitere Stäbchen auf der Unterlage fest.

5

Bei den letzten beiden Bastelstäbchen trägst du den Heißkleber auf eine der schmalen Längskanten auf.

6

Je ein Stäbchen klebst du hochkant rechts und links an die Brücke aus Holzstäbchen.

7

Schneide in die vier übrigen Burgtürme je zwei 5–6 cm lange Schlitze in einem Abstand von ungefähr 3 cm ein.

8

Stecke die Türme auf die vier Ecken der Burg.

9

Bereite deine Mischpalette mit den entsprechenden Acrylfarben vor (siehe Seite 33).

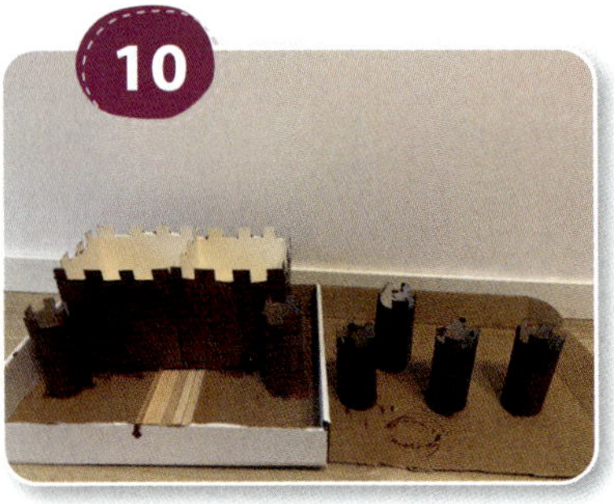

10

Male die Burg, die Burgtürme und die Mauer braun an. Du kannst hierbei helle und dunkle Brauntöne vermischen. Für Hellbraun kannst du gelbe Acrylfarbe hinzumischen und für ein dunkleres Braun etwas Schwarz. Du kannst selbst entscheiden, ob du die Burg und die Türme auch von innen bemalen möchtest.

> **Tipp**
> Wenn du die losen Burgtürme abnimmst, ist es leichter, diese zu bemalen.

11

Den Burghof malst du mit grüner Acrylfarbe an. Mische ein wenig Gelb hinzu und tupfe mit dem Pinsel, um eine Struktur entstehen zu lassen, die an Gras erinnert. Es ist gar nicht schlimm, wenn du versehentlich die Burgfassade oder Mauern anmalst. Der Hof ist bewachsen, denn die Ritter haben während großer Kämpfe nicht immer Zeit, ihre Festung zu pflegen. Zuletzt bemalst du die Brücke vollständig in einem dunklen Braunton.

12

Verwende einen schmalen Pinsel und schwarze Acrylfarbe, um auf die Holzstäbchen eine Bretterstruktur zu malen. Dazu umfährst du die einzelnen Stäbchen und fügst waagerechte Linien hinzu.

13

Ebenfalls mit schwarzer Farbe und dem dünnen Pinsel malst du ein Eingangstor und Fenster an die Burg und an die Burgtürme. Das Eingangstor sollte so breit wie deine Brücke sein. Bemale das Tor mit dunkelbrauner Acrylfarbe. Du kannst dasselbe Braun verwenden wie bei der Brücke.

14

Male alle Fenster weiß aus und lass die Farbe trocknen. Anschließend vervollständigst du die Fenster mit schwarzer Farbe und einem feinen Pinsel mit Fensterkreuzen.

Deine trutzige Burg ist bereit für aufregende Abenteuer und bietet deinen Tonies® einen sicheren Rückzugsort.

Die Welt der Tonies®
Farmwelt

Die Kuh Lieselotte, Heidi, die kleine Hummel Bommel, Kikaninchen, Peppa Wutz, der Kürbiskopp und viele andere Figuren finden in deiner kleinen Farmwelt mit Scheune, Teich und Schweinsuhle Platz.

Material

- Pappkarton ohne Deckel
- Pappschachtel, würfel- oder quaderförmig
- 1–2 große Stücke Pappe
- Deckel eines Eierkartons für 6 Eier oder kleine Pappschale für Gemüse oder Obst
- Heißklebepistole mit Klebepatronen
- Unterlage
- Schere
- Bleistift
- Pinsel
- Wasserbecher
- Mischpalette oder Alufolie
- Bastelstäbchen aus Holz (»Eisstiele«)
- Schwammstücke
- Knete (Braun, Orange und Blau)
- Acrylfarben (Grün, Rot, Orange, Braun, Schwarz und Weiß)
- Dekosteine oder gesammelte Steine

Anleitung

1

Zunächst baust du die Hofscheune aus der würfel- oder quaderförmigen Pappschachtel und einem großen Stück Pappe. Falte das Pappstück in der Mitte und setze es als Dach auf die Schachtel.

2

Das Dach sollte ungefähr so lang sein wie die Scheune.

3

Wenn es zu lang ist, kannst du mit einem Bleistift den Überstand markieren und abschneiden.

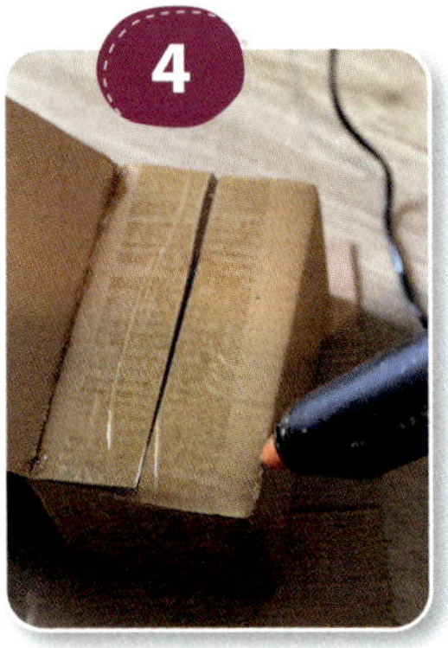

4

Trage auf die Längsseiten der Scheune Heißkleber auf und setze das Dach darauf.

5

Sobald der Kleber getrocknet ist – das könnte einige Minuten dauern –, benötigst du das restliche oder ein weiteres Stück Pappe für die Giebelwände. Platziere die Scheune so auf der Pappe, dass du den Umriss des Daches mit einem Bleistift umfahren kannst.

6

Zeichne auf diese Weise zwei Dreiecke auf und schneide sie aus.

7

Trage auf die Kanten des Daches und der Scheune erneut Heißkleber auf und klebe jeweils ein Dreieck auf die beiden Giebelseiten des Daches.

8

Das Scheunendach deckst du mit langen »Holzbrettern« aus flachen Bastelstäbchen.

9

Leg die Stäbchen parallel zum First auf das Dach und prüfe, ob sie genau passen oder noch zugeschnitten werden müssen. Wenn dein Dach besonders lang ist, kann es sein, dass du mehrere Stäbchen nebeneinanderlegen musst. Von oben nach unten, also am Dachfirst beginnend, befestigst du die Stäbchen mit Heißkleber auf dem Dach.

10

Wenn das Dach fertig gedeckt ist, bekommt die Scheune einen Dielenrahmen aus Holzstäbchen. Auch hier kann es sein, dass du die Bastelstäbchen zuschneiden oder auf die richtige Länge brechen musst. Befestige die »Holzbretter« an den Außenseiten der Scheune. Wenn du möchtest, kannst du sogar kleine Details als Fachwerk einbauen.

Falls die Dielen nicht gleichmäßig ausgelegt sind oder sich zwischen den einzelnen Holzplatten Lücken befinden, ist das überhaupt nicht schlimm! Sie müssen jeglichem Wetter standhalten und vielen Tieren über mehrere Jahre Unterschlupf bieten. Welche Scheune ist also schon perfekt? Das macht deine tierische Welt umso realistischer!

11

Bereite deine Mischpalette mit den Acrylfarben Rot, Orange, Braun, Schwarz und Weiß vor (siehe Seite 39).

12

Male das Dach rotorange an.

13

Die Holzdielen werden braun. Dabei können helle und dunkle Brauntöne vermischt werden.

14

Den Rest der Scheunenwände malst du weiß an. Nutze einen feinen Pinsel, um in die Ecken zwischen den Dielenschrägen zu kommen.

15

Ergänze die weiß bemalten Giebeldreiecke mit horizontalen, vertikalen und diagonalen Dielen. Verwende hierfür braune Acrylfarbe.

16

Drehe die Scheune so, dass der soeben bemalte Giebel nach links gerichtet ist. Male an die nun vor dir stehende weiße Seitenwand der Scheune einen braunen Rahmen für das Scheunentor.

17

Schließlich wird die letzte Farbe auf deiner Palette, nämlich Schwarz, ebenfalls gebraucht: Male das Tor schwarz aus. Neben das Scheunentor malst du eine Eingangstür, die abgerundet oder rechteckig sein kann.

18

Vervollständige die Tür mit einem Fenster und male die Tür mit einer Acrylfarbe deiner Wahl aus.

19

Male an die Giebelseiten der Scheune quadratische Fenster mit einem Fensterrahmen. Die größte Arbeit ist nun geschafft!

20

Nimm nun den Pappkarton für den Hof zur Hand. Entferne den Deckel des Pappkartons oder schneide diesen mit einer Schere ab. Das wird deine Farm, auf dem deine Scheune später Platz findet.

21

Bemale mit der restlichen braunen Acrylfarbe den Boden und die Mauern der Farm. Am besten sieht es aus, wenn der Braunton heller ist als bei den zuvor angemalten Dielen. Stell den Hof zum Trocknen zur Seite.

22

Gib etwas Grün auf deine Mischpalette und bemale damit die Schwammteile für die Büsche auf der Farm. Lass die Farbe gut trocknen.

23

Aus einer kleinen Pappschale oder dem Deckel eines Eierkartons entsteht das Schlammbad für die Tiere. Das brauchen deine Tonie®-Figuren ganz bestimmt! Schneide die Schale oder den Karton so zurecht, dass er eine flache Form bekommt. Wenn dir die Farbe deines Schlammbads nicht gefällt, kannst du den Karton anmalen.

Wusstest du, dass Tiere nicht nur in Schlamm baden, um sich abzukühlen, sondern auch, um ihr Fell und ihre Haut von kleinen Tierchen zu reinigen?

24

Verdrehe die braune und orangefarbene Knete zu einem spiralförmigen Zopf und knete ihn, bis sich die Farben allmählich vermischen.

25

Befülle deine Schale mit der Knete. Das muss nicht besonders ordentlich aussehen – im Gegenteil! Hast du schon einmal beobachtet, wie so ein Schlammbad aussieht, wenn sich ein Schwein darin gesuhlt hat?

26

Klebe dein Schlammbad auf dem Hof fest.

27

Lege aus kleinen Steinen einen Weg von der Eingangstür bis zum Schlammbad und einen kleinen Kreis oder ein Oval für den Teich.

28

Klebe die Steine mit Heißkleber fest.

29

Wenn die grünen Büsche und Sträucher trocken sind, kannst du sie auf dem Hof an der gewünschten Position festkleben.

30

Schließlich füllst du den Teich mit blauer Knete, die du mit den Fingern festdrückst.

Deine Farmwelt ist fertig! Der tierische Bauernhof wartet nun darauf, von Menschen und Tieren besiedelt zu werden.

Die Welt der Tonies®
Eiswelt

Die Eiskönigin könnte in diesem Palast in kühlen Blautönen mit glitzernden Akzenten residieren. Wer zieht mit ihr in deine Eiswelt ein?

Material

- Pappkarton
- Pappschachtel, würfel- oder quaderförmig
- 4 Pappröhren von Toilettenpapierrollen
- Heißklebepistole mit einer Klebepatrone
- Lineal
- Bleistift
- Schere
- Pinsel
- Wasserbecher
- Tonpapier in Weiß, DIN A4
- Tonkarton, in Hellblau mit Glitzereffekt, DIN A4
- Mischpalette oder Alufolie
- Acrylfarben (reines oder gebrochenes Weiß, Pastellblau, Hellblau, Silbermetallic oder Silber)
- Glitzerpulver in Hellblau und Silber
- glitzernde Dekosteine
- Dekodiamanten

Anleitung

1

Entferne den Deckel des Pappkartons oder schneide ihn mit einer Schere ab (siehe Seite 7): Der Deckel wird zur Basis deiner Eiswelt. Von der würfel- oder quaderförmigen Pappschachtel für das Schloss schneidest du die seitlichen Verschlusslaschen ab und entfernst eventuelle Papierreste von den Pappröhren der Toilettenpapierrollen.

2

Überlege dir, wo dein Eisschloss stehen soll.

3

Dann trägst du Heißkleber auf die Ränder der offenen Pappschachtelseite auf und setzt die Schachtel als Schloss an die gewählte Stelle.

Tipp
Stelle die Pappschachtel nicht in die Mitte, sondern an den Rand der Fläche, damit du auf dem Schlosshof mehr Platz zum Spielen mit deinen Figuren hast.

4

Die Schlosstürme entstehen aus vier Pappröhren von Toilettenpapierrollen. Platziere sie probehalber auf der Schachtel für das Schloss. Sie sollten nicht zu nah nebeneinanderstehen, damit später die Spitzdächer problemlos befestigt werden können.

5

Trage Heißkleber auf den Rand der ersten Pappröhre auf und befestige sie schnell auf der zuvor ausgewählten Position. Die anderen Pappröhren bringst du genauso auf der Schachtel an.

6

Wenn das Grundgerüst deines Schlosses steht, kann die Eiswelt bemalt werden. Bereite deine Mischpalette mit den entsprechenden Acrylfarben vor (siehe Seite 48).

7

Zuerst malst du die Schlosstürme in den gewünschten Farben an. Ich habe mich für zwei hellblaue Türme, einen pastellblauen und einen elfenbeinweißen Turm entschieden. Keine Sorge, falls du danebenmalst! Das Gute an Acrylfarbe ist, dass man sie immer wieder übermalen kann. Suche dir also deine schönsten Farben und greife zum Pinsel! Je nach Qualität der Acrylfarbe kann es sein, dass du manche Stellen zweimal oder noch öfter übermalen musst, damit die Pappe nicht mehr durchschimmert.

Tipp
Du brauchst den Pinsel nicht nach jeder Farbe sofort auszuwaschen. Dadurch bleibt immer ein Rest Farbe am Pinsel übrig. Wenn sich die verschiedenen Blautöne und Weiß vermischen, kann eine ganz neue Farbe oder sogar ein interessanter Farbverlauf entstehen.

8

Nach den Türmen malst du das Schloss mit hellblauer Acrylfarbe an. Achte darauf, am Übergang zu den Schlosstürmen vorsichtig zu malen. Am besten eignet sich hierfür ein feinerer Pinsel. Bevor du nun zum nächsten Schritt gehst, stelle deine benutzten Pinsel in einen Wasserbecher, da die Farbe sonst eintrocknet und die Borsten verkleben.

9

Bringe deine Welt zum Glitzern! Verstreue hellblaues Glitzerpulver auf dem gesamten Schloss, solange die Farbe noch feucht ist. Du kannst dazu verschiedene Blautöne und sogar unterschiedliche Glitzerarten benutzen. Egal ob dunkelblauer Glitzerstaub, hellblaue Glitzersternchen oder Glitzerflocken – du kannst alles verwenden!

10

Nachdem dein Eisschloss und die Türme bemalt sind, darfst du dich an das Innere des Pappkartons wagen: Das wird der Schlosshof. Gib dazu Acrylfarbe in Silbermetallic oder Silber auf deine Palette.

11

Greife erneut zum Pinsel und male den Schlosshof in Silbermetallic oder Silber an. Vergiss dabei auch die Mauern nicht, die den Hof umgeben!

12

Verteile silbernes Glitzerpulver über den gesamten Schlosshof und über die Schlossmauern, solange die Farbe noch feucht ist.

13

Die passenden Dächer verleihen den Schlosstürmen den letzten Schliff. Verwende für die vier Dächer der Schlosstürme die Vorlage 1. Schneide zunächst die Vorlage aus oder kopiere sie und schneide die Form als Schnittmuster aus der Kopie aus. Denke dabei daran, das schraffierte Viertel des Kreises ebenfalls auszuschneiden. Diesen Schnitt legst du auf hellblauen Tonkarton mit Glitzereffekt, umfährst den Umriss mit einem Bleistift und schneidest den Dreiviertelkreis aus.

14

Trage auf die Klebefläche Kleber auf.

15

Forme den Dreiviertelkreis zu einem Hütchen. Wiederhole diesen Vorgang mit den restlichen drei Hütchen.

> **Tipp**
> Statt mithilfe der Vorlage aus dem Buch kannst du den Kreis auch mit einem Zirkel oder einem runden Gegenstand aufzeichnen. Er sollte einen Durchmesser von circa 10 cm haben.

16

Damit die Turmspitzen geheimnisvoll funkeln, werden sie mit einem Glitzerstein verziert. Dazu schneidest du die Spitze der Hütchen ab.

17

Auf der Spitze jedes Dachhütchens befestigst du mit Heißkleber einen Dekodiamanten.

18

Trage Heißkleber auf die obere Kante jeder Papprröhre auf.

19

Dann setzt du schnell das Hütchen auf, bevor der Kleber fest wird.

20

Du darfst stolz sein: Der Rohbau deines Schlosses sieht schon sehr eindrucksvoll aus.

21

Nun wird es Zeit, das Schloss mit Details zu verzieren. Lege die Vorlagen 2 und 3 auf weißes Tonpapier und schneide die Fenster und den Torbogen aus.

22

Klebe die fünf ausgeschnittenen Teile auf blauen Glitzertonkarton und schneide sie entlang der Außenkonturen erneut aus.

23

Positioniere den Torbogen und die Fenster an den gewünschten Stellen am Schloss und befestige sie mit Heißkleber.

24

Jetzt hat dein Schloss schon Gestalt angenommen.

> Wusstest du, dass der gemauerte Aufsatz auf den Schlossmauern als Zinnenkranz bezeichnet wird?

25

Bestimmt ist dir aufgefallen, dass der typische Zinnenkranz auf dem Eisschloss noch fehlt. Miss dafür die Länge und die Breite des Schlosses mit einem Lineal ab.

26

Trage die gemessenen Längen mit einer Breite von 2 cm auf weißem Tonpapier ab und schneide die rechteckigen Papierstreifen aus. Am Ende musst du vier Streifen haben: je zwei in der Länge und in der Breite deines Schlosses.

27

Schneide in jeden Papierstreifen Schlitze ein, die ungefähr bis zur Hälfte der Streifenbreite reichen. Achte darauf, stets eine gerade Anzahl an Schlitzen einzuschneiden.

28

Jede zweite der so entstandenen Laschen faltest du nach hinten um.

29

Die umgefalteten Laschen schneidest du ab – und schon sind die Zinnen deutlich erkennbar.

30

Klebe den Zinnenkranz mit Heißkleber an den entsprechenden Seiten der Schlossmauern fest.

31

Für die letzten Feinheiten benötigst du wieder einen feinen Pinsel und weiße Acrylfarbe. Male mit dem Pinsel und der Acrylfarbe ein Fenster auf jeden Schlossturm.

32

Schmücke den Torbogen mit einer zauberhaften Schneeflocke.

33

Ein Kristallweg im Schlosshof vollendet deine Eiswelt. Lege einen Weg aus glitzernden Dekosteinen auf dem Boden aus.

34

Die einzelnen Steine befestigst du mit kleinen Heißkleber-Tupfen.

35

Du kannst auch mehrere Steine übereinanderstapeln, sodass eine kleine Höhle oder eine Kristallmauer entsteht.

Fertig ist deine frostig funkelnde Eiswelt! Bestimmt freuen sich deine Tonie®-Figuren genauso sehr über ihr neues Zuhause wie du.

Die Welt der Tonies®

Inselwelt

Eine winzige Insel mitten im Meer: Welche von deinen Tonies® stranden wohl hier und machen es sich unter der Palme gemütlich?

Material

- Pappkarton ohne Deckel
- Heißklebepistole mit Klebepatrone
- Unterlage
- Bleistift
- Schere
- Wasserbecher
- Klebeband
- Mischpalette oder Alufolie
- Küchenrolle
- Bastelkleber oder Kleister
- Schüssel
- etwas Wasser
- Acrylfarben (reines oder gebrochenes Weiß, verschiedene Blautöne, Grün, Braun, Schwarz)
- Pinsel
- Tonpapier in Hellgrün und/oder Dunkelgrün, DIN A4
- farbiger Bastelsand und/oder Glitzerpulver (verschiedene Blautöne)
- Muscheln und Schnecken in verschiedenen Größen
- Sand

Anleitung

Für deine geheimnisvolle Inselwelt solltest du ein bisschen Zeit einplanen, denn sie muss mehrere Tage trocknen, bevor du sie bemalen und mit Details ausschmücken kannst. Du brauchst also etwas Geduld, aber während der Wartezeit kannst du schon einmal die Palme vorbereiten, um sie später auf das Inselchen zu pflanzen.

1

Entferne den Deckel des Pappkartons oder schneide ihn mit einer Schere ab. Stelle die Schüssel, die Küchenrolle, den Bastelkleber und den Karton auf eine unempfindliche Unterlage und gieße den Bastelkleber in eine Schüssel. Falls er zu dickflüssig ist, kannst du ihn mit etwas Wasser verdünnen. Von der Küchenrolle reißt du einzelne Blätter ab, tauchst sie in den Bastelkleber und gestaltest damit das Meer auf dem Boden deines Pappkartons. Die Falten der Küchenkreppblätter stellen die Wellen dar: Je plastischer du deine Küchenkreppwellen modellierst, umso echter sieht das Meer später aus.

2

Tauche mehrere Küchenkreppblätter in den Bastelkleber und forme sie zu einer großen Kugel: zu deiner Insel. Diese Kugel platzierst du in der Mitte des Meeres. Dann reißt du weitere Küchenkreppblätter in Streifen oder Schnipsel, tauchst sie ebenfalls in den Bastelkleber und klebst Stück für Stück so lange um die Kugel herum, bis Insel und Meer die gewünschte Form haben.

3

Zuletzt breitest du ein Stück Küchenkrepp über die ganze Insel und drückst es fest. Die Insel sollte nun ungefähr so groß sein wie zwei Fäuste einer erwachsenen Person.

4

Wenn du zufrieden bist, stellst du den Pappkarton mit der Insel zum Trocknen beiseite. Es kann mehrere Tage und Nächte dauern, bis die Küchenkreppinsel vollständig getrocknet ist.

5

Aus dem Pappkern der Küchenrolle bastelst du in der Zwischenzeit die Palme. Schneide die Pappröhre in sechs etwa gleich große Stücke.

6

Fünf dieser Stücke schneidest du der Länge nach mit der Schere auf.

7

Das nicht durchgeschnittene Stück Pappröhre bildet den untersten Teil des Palmenstamms, der sich nach oben hin verjüngt. Stell es vor dich hin, steck ein durchgeschnittenes Stück hinein und klebe es mit Klebeband so zusammen, dass es nicht auseinanderfällt. Achtung! Nicht mit dem unteren Teil verbinden! Du nimmst die Teile später noch einmal auseinander. Dann steckst du das nächste Pappröhrenstück in diese obere Röhre und klebst es ebenfalls zusammen. Mit den übrigen Stücken verfährst du genauso: Jedes Röhrenstück ist damit etwas kleiner als das darunter. Nimm alle Teile wieder auseinander und lege sie beiseite.

8

Wenn die Inselwelt vollständig getrocknet ist, kannst du anfangen, sie zu bemalen. Bereite deine Mischpalette mit den entsprechenden Acrylfarben vor (siehe Seite 58).

9

Male das Meer in unterschiedlichen Blautönen an.

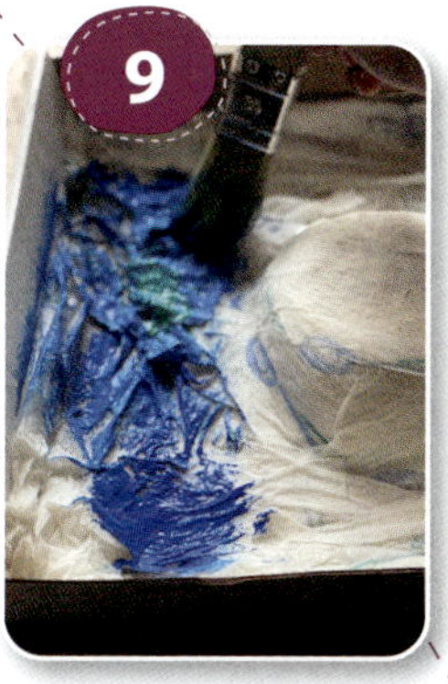

10

Mische Grün hinzu, um eine türkisfarbene Schattierung zu erzielen.

11

Setze mit schwarzer Acrylfarbe Akzente im Wasser.

12

Mit reinem oder gebrochenem Weiß kannst du Akzente setzen, um Wellen oder Gischt darzustellen.

13

Bestreue das Meer mit blauem Dekosand oder Glitzerpulver, solange die Farbe noch feucht ist.

14

Bemale die Insel mit brauner Acrylfarbe und lass die Farbe gut trocknen.

15

Auch die Teile des Palmenstamms malst du braun an und lässt sie trocknen.

16

Während die Acrylfarbe trocknet, kannst du die Palmenblätter vorbereiten. Falte das grüne Tonpapier quer in der Mitte.

17

Dann faltest du das Tonpapier ein zweites Mal in der Mitte und entfaltest es komplett: Die Faltlinien markieren nun vier Rechtecke. Schneide das Papier entlang der Faltlinien auseinander, sodass du vier Rechtecke erhältst.

18

Jedes der Rechtecke faltest du der Länge nach in der Mitte.

19

An der geschlossenen Faltkante zeichnest du mit Bleistift eine Bogenform mit einem kurzen Stiel an einer Seite auf und schneidest die Form durch beide Papierlagen hindurch aus.

20

Dieses erste Palmenblatt dient als Schablone für die übrigen drei Papierstücke: Zeichne auch darauf den Bogen mit Stiel vor und schneide alle Palmenblätter aus.

21

Von den offenen Kanten schneidest du nun schräge Schlitze fast bis zur Faltkante in die Blätter. Die Schnittlinien verlaufen in Richtung Stiel. Achtung! Nicht die Faltkante durchschneiden!

22

Die fertigen Palmenblätter klappst du auf.

23

Nun setzt du den Palmenstamm zusammen: Stelle das größte Stück Pappröhre vor dich auf den Arbeitstisch und trage Heißkleber außen auf die Unterkante des nächstkleineren Stücks auf.

24

Dann steckst du diesen Rand oben in die größte Röhre, um beide Teile zu verbinden. Mit den nächsten Stücken des Palmenstamms verfährst du genauso.

25

Dabei darf der Stamm einen leichten Bogen bilden, denn die Palme wächst nicht kerzengerade in den Himmel.

26

Gib einen Tupfer Heißkleber auf den Stiel eines Palmenblattes.

27

Den Blattstiel klebst du innen im obersten Segment des Palmenstammes fest, sodass das Blatt nach außen hängt. Die übrigen Blätter bringst du genauso an.

28

Schau nach, ob das Meer und die Insel getrocknet sind. Falls ja, kannst du die Insel mit Bastelkleber bestreichen und vorsichtig Sand darauf verstreuen. Schütte den überschüssigen Sand weg, der auf dem Meer gelandet ist.

29

Trage auf die Unterseite der Palme Heißkleber auf und klebe den Baum mittig auf die Insel.

30

Dann kannst du die Insel mit Muscheln und Schnecken verzieren, die du ebenfalls mit Heißkleber befestigst.

Hast du schon versteckte Schätze, magische Lebewesen und rätselhafte Geheimnisse entdeckt? Zeige deinen gestrandeten Tonies® die geheimnisvolle Inselwelt, wo spannende Abenteuer auf euch warten!

Die Welt der Tonies®

Hochseewelt

Schiff ahoi für Käpt'n Sharky, Wickie und alle anderen Seebären unter deinen Tonies®! Auf diesem stolzen Segelschiff können sie auf große Fahrt gehen.

Material

- Pappkarton ohne Deckel
- Pappschachtel, 5–7 cm hoch
- Heißklebepistole mit Klebepatrone
- Unterlage
- Bleistift
- Schere
- Kleber
- Lineal
- Wasserbecher
- Mischpalette oder Alufolie
- Küchenrolle
- Bastelkleber oder Kleister
- Schüssel
- etwas Wasser
- Acrylfarben (Weiß, Blau, Braun, Schwarz)
- Pinsel
- Tonpapier, DIN A4
- Holzstäbchen, circa 25 cm lang (z. B. Schaschlikspieß)
- Bastelsand und/oder Glitzerpulver in Blau

Anleitung

1

Entferne den Deckel des Pappkartons für das Meer oder schneide ihn mit einer Schere ab. Dann formst du aus der Schachtel das Schiff. Es muss in den Pappkarton hineinpassen, der das Meer darstellt. Falls die Schachtel einen Deckel hat, trennst du ihn mit einer Schere ab und schneidest die Schachtelwände auf die gewünschte Höhe.

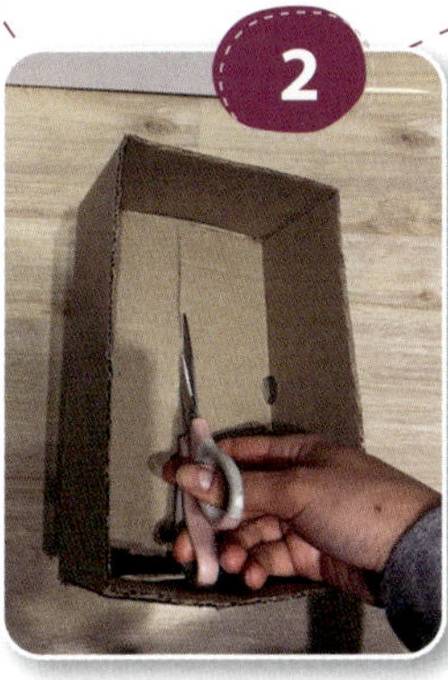

2

Die Wände an den Schmalseiten der Schachtel schneidest du von oben nach unten mittig ein, den Boden schneidest du der Länge nach mittig durch. Bei vielen Schachteln musst du dazu nur das Klebeband durchtrennen, das den Boden schließt.

3

Knicke die kurzen Seiten der Schachtel in der Mitte ein, sodass vorne und hinten jeweils eine Spitze nach außen zeigt. Dabei schiebst du beide Hälften des durchtrennten Bodens ineinander – je weiter, desto schmaler wird dein Schiff.

4

Wenn du mit der Form deines Schiffes zufrieden bist, fixierst du die beiden übereinanderliegenden Schichten des Bodens mit Heißkleber aufeinander und befestigst das Schiff im Pappkarton.

5

Stelle die Schüssel, die Küchenrolle, den Bastelkleber und den Karton auf eine unempfindliche Unterlage und gieße den Bastelkleber in eine Schüssel. Falls er zu dickflüssig ist, kannst du ihn mit etwas Wasser verdünnen. Von der Küchenrolle reißt du einzelne Blätter und Streifen ab, tauchst sie in den Bastelkleber und gestaltest damit das Meer auf dem Boden deines Pappkartons.

6

Die Falten der Küchenkreppblätter stellen die Wellen dar, die auch an der Schiffswand hochschlagen dürfen. Je plastischer du deine Küchenkreppwellen modellierst, umso echter sieht das Meer später aus. Lass das Schiff auf hoher See über Nacht trocknen.

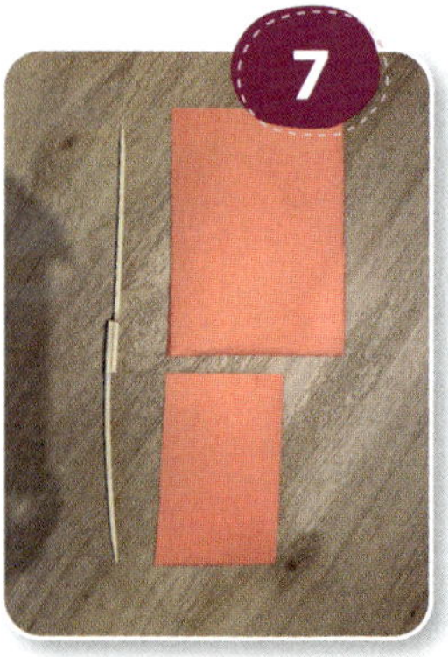

7

In der Zwischenzeit kannst du die Schiffssegel und die Fahne vorbereiten. Hierfür benötigst du den Holzstab, der ungefähr 25 cm lang sein sollte: Das wird der Mast. Du kannst jedoch auch mehrere Stäbchen zusammenkleben. Schneide aus dem Tonpapier in deiner Lieblingsfarbe ein großes, ein mittleres und ein kleines Rechteck aus. Meine ausgeschnittenen Rechtecke haben die Größe von 15 × 12 cm, 12 × 8 cm und 6 × 8 cm.

8

Das große und das mittlere Rechteck werden zu den Segeln. Schneide in die Mitte jeder Längsseite der beiden Papierrechtecke je zwei Löcher. Die Löcher liegen direkt übereinander und sollten so groß sein, dass dein Holzstäbchen durchpasst.

9

Falte das kleinste Rechteck in der Mitte und lege es so vor dich hin, dass die geschlossene Seite zu dir zeigt.

10

Schneide für den Wimpel ein Dreieck aus, dessen Spitze an der offenen Seite des Papiers nach oben zeigt. Wenn du das Dreieck aufklappst, sollte es wie ein Rhombus, das Karo auf der Spielkarte, aussehen.

11

Fädle die in den Schritten 7 und 8 angefertigten Segel auf den Holzspieß: das große Segel unten, das kleinere darüber.

12

Bestreiche eine Innenseite des Papierwimpels mit Klebstoff, leg den Wimpel mit der Faltkante um das Holzstäbchen und drücke das Papier zusammen, um den dreieckigen Wimpel am Schiffsmast zu befestigen.

13

Sobald deine Hochseewelt getrocknet ist, kannst du die Mischpalette mit den entsprechenden Acrylfarben vorbereiten (siehe Seite 66).

14

Bemale das gesamte Schiff mit brauner Acrylfarbe. Du kannst verschiedene Brauntöne mischen. Male das Meer in unterschiedlichen Blautönen an. Mische Grün hinzu, um eine türkisfarbene Schattierung zu erzielen. Setze mit schwarzer Acrylfarbe Akzente im Wasser.

15

Setze mit weißer Acrylfarbe Akzente, um aufschlagende Wellen oder Gischt darzustellen.

16

Male mit weißer Acrylfarbe jeweils drei Kreise an die Seitenwände des Schiffs. Das sind die runden Lukenfenster. Echte Seeleute nennen diese Fenster auch Bullaugen. Weil die Bullaugen die Fenster im Schiffsrumpf sind, solltest du sie sowohl außen als auch innen an die Schiffswand malen.

17

Umrande die Bullaugen mit einem feinen Pinsel und schwarzer Acrylfarbe. Male einen zweiten Kreis in das weiße Fenster.

18

Male abschließend kleine schwarze Punkte als Schrauben in den äußeren weißen Kreis.

19

Damit dein Schiff Fahrt aufnehmen kann, pikst du den Mast mit den Segeln vorsichtig in den Boden und fixierst ihn mit Heißkleber, falls er nicht stabil steht.

Nun kannst du in See stechen und mit deinen Tonies® ferne Kontinente ansteuern, um versunkene Schätze zu finden und unbekannte Länder zu erforschen. Doch seid immer auf der Hut vor gefährlichen Seeräubern!

Die Welt der Tonies®

Pferdewelt

In dieser Pferdewelt mit geräumigen Boxen und einer großen Wiese vor dem Stall könnten Bibi und Tina ihr Waisenfohlen neben dem Hengst Ostwind, dem Pony Kleiner Donner und der Haferhorde aufziehen.

Material

- Pappkarton ohne Deckel
- Deckel eines Eierkartons für sechs Eier
- 1 großes Stück Pappe
- Heißklebepistole mit Klebepatrone
- Unterlage
- Bleistift
- Lineal
- Schere
- Wasserbecher
- Mischpalette oder Alufolie
- Bastelstäbchen aus Holz (»Eisstiele«)
- Schwammstücke
- Acrylfarben (Weiß, Gelb, Blau, Grün, Braun und Schwarz)
- Pinsel
- Bastelsand und/oder Glitzerpulver in Blau
- Dekosteine oder gesammelte Steine
- etwas Heu oder Stroh

Anleitung

1

Aus dem Pappkarton entstehen der Stall und die Weide für die Pferde. Je nachdem, was für einen Pappkarton du verwendest, gehst du unterschiedlich vor, um einen Bereich für die Boxen und eine große Fläche für die Weide davor zu schaffen: Von einem Pappkarton mit abnehmbarem Deckel nimmst du den Deckel ab und verbindest Karton und Deckel mit Heißkleber an den Schmalseiten miteinander.

2

Von einem Pappkarton mit Klappdeckel schneidest du den Deckel vorsichtig mit der Schere ab. Dann trennst du den Rand an einer Längs- und einer Schmalseite des Deckels ab. Ein Rand an der Schmalseite des Deckels wird nicht abgeschnitten.

3

Stell den Pappkarton auf den Rand des Deckels und klebe ihn mit Heißkleber fest. Der Bereich im Pappkarton wird der Stall und der Bereich des Deckels wird die Weide.

4

Schneide den Deckel des Eierkartons in der Mitte durch.

5

Platziere die beiden Hälften jeweils rechts und links auf der Weide an der Außenwand des Stalls. Falls die Schnittkanten nicht sauber an der Außenwand des Stalls anliegen, kannst du sie mit einer Schere passend zuschneiden.

6

Klebe die Hälften des Eierkartondeckels als Tröge mit Heißkleber an der Stallwand fest.

7

Einen Teil der Dekosteine oder der gesammelten Kieselsteine klebst du mithilfe der Heißklebepistole in einen der beiden Eierkartontröge.

8

Markiere mit einem Bleistift den mittleren Bereich der Stallwand, der nicht von den Trögen bedeckt ist. Das wird der Eingang zum Pferdestall.

9

Schneide diesen Bereich mit einer Schere aus.

10

Stelle den Stall und die Weide so vor dich hin, dass die lange Seite zu dir zeigt. Messe im Pferdestall die Hälfte der langen Seite ab und ziehe eine senkrechte Mittellinie.

11

Teile die linke Seite des Stalls in drei gleich große Bereiche ein und ziehe mit einem Bleistift Markierungen bis zur Mittellinie, um die Boxen einzuteilen.

12

Nun brauchst du das große Stück Pappe. Teile es ebenfalls der Länge nach in drei gleich große Bereiche ein und schneide die drei Stücke mit einer Schere auseinander.

13

Die Pappstreifen aus Schritt 12 werden jeweils zu Wand und Tür einer Pferdebox. Stell einen Streifen auf eine vorgezeichnete Trennlinie zwischen zwei Boxen und biege ihn an der Mittellinie des Stalls L-förmig um. Der abgeknickte Teil für die Boxentür sollte genau bis zur Linie für die nächste Box reichen. Schneide das Pappstück gegebenenfalls zu.

14

Wiederhole Schritt 13 mit den zwei weiteren Pappstücken.

15

Um die Türen der Boxen oben abzurunden, zeichnest du auf den Türteil der Pappstücke einen Bogen und schneidest ihn vorsichtig mit einer Schere aus.

16

Dann klebst
du die Boxenwände mit Heißkleber im Stall an. Ein Pappstreifen liegt an der hinteren Stallwand an, die beiden anderen werden auf den vorgezeichneten Linien platziert. Achtung! Nur die Wände ankleben. Die Türen müssen beweglich bleiben.

17

Bereite deine Mischpalette mit den Acrylfarben für deine Pferdewelt vor (siehe Seite 73).

18

Bemale den gesamten Pferdestall mit brauner Acrylfarbe.

19

Male die Pferdeweide mit grüner und gelber Acrylfarbe an. Du kannst die Farben miteinander vermischen oder übereinandermalen. Füge braune oder schwarze Acrylfarbe hinzu, falls du dunklere Stellen haben möchtest, und tupfe mit dem Pinsel, um Gras anzudeuten.

20

Auf einer unempfindlichen Unterlage malst du die Schwammstücke für die Büsche auf der Weide in denselben Farben an und lässt sie trocknen.

21

Bemale die Tröge mit weißer Acrylfarbe.

22

Vervollständige die Türen der Pferdeboxen im Stall mit bogenförmigen Fenstern in Weiß, mit etwas Blau gemischt.

23

Umrande die Bogenfenster mit schwarzer Acrylfarbe und einem feinen Pinsel.

24

Die in einem Trog festgeklebten Steine malst du mit blauer und weißer Acrylfarbe an.

25

Auf die feuchte Farbe streust du Bastelsand oder Glitzerpulver in Blau. Nun können sich deine Tiere auf eine kühle Erfrischung aus dem Wassertrog freuen!

26

Damit deine stürmischen Pferde nicht heimlich ausbüxen, zäunst du den Stall am besten ein. Schneide das Ende von einigen deiner hölzernen Bastelstäbchen ab, sodass du zugeschnittene Stäbchen als Zaunpfosten und ganze Stäbchen als Querbretter hast.

27

Stelle die Pferdewelt mit der langen Seite zu dir gerichtet hin. Klebe mit Heißkleber ein abgeschnittenes Holzstäbchen links an die Außenseite des Stalls. Miss mit einem ganzen Stäbchen den notwendigen Abstand bis zum nächsten Zaunpfosten ab und markiere die Stelle mit dem Bleistift.

28

Dort klebst du zwei abgeschnittene Stäbchen als Zaunpfosten an. Eine ganze Stäbchenlänge entfernt folgt das nächste Zaunpfostenpaar. Auf diese Weise klebst du abgeschnittene Stäbchen bis zum vorderen Ende des Stalles an.

29

Den Zaun vervollständigst du nun, indem du ganze Stäbchen als Querlatten waagerecht auf die senkrechten Stäbchen klebst – immer ein Stäbchen knapp über dem Boden und ein zweites weiter oben.

30

Auf die gleiche Weise zäunst du auch die andere Längsseite und die Rückseite des Stalls ein.

31

Wenn die bemalten Schwammstücke für die Büsche getrocknet sind, verteilst du sie zusammen mit einigen Steinen auf der Weide und klebst alles mit Heißkleber fest.

32

Wenn du magst, kannst du auch im Stall ein paar Steine ankleben. Verstreue ein wenig Heu und Stroh im Stall und fülle den Futtertrog mit Heu, damit deine Pferde weich liegen und nicht hungern müssen.

> Kennst du den Unterschied zwischen Heu und Stroh? Heu ist getrocknetes Gras, das Pferde und Kühe gerne fressen. Stroh sind die Halme von Getreide, die nach dem Dreschen des Korns übrig bleiben. Damit streut man Pferdeboxen ein, damit die Tiere bequem und sauber liegen.

Endlich ist deine Pferdewelt fertig! Lasse deine feurigen Rösser ungezügelt auf deiner Weide galoppieren und saftiges Gras fressen, während frischer Wind durch ihre Mähne weht. Im gemütlichen Stall können sie sich anschließend fürs nächste Abenteuer ausruhen. Hopp, hopp, Galopp!

Die Welt der Tonies®

Raumfahrtwelt

Bestimmt sind deine Tonies® begeistert, wenn sie mit Lichtgeschwindigkeit durchs Weltall reisen dürfen. Aus einem alten Saftkarton baust du ihnen ein Luxus-Raumschiff, mit dem sie die Raumfahrtwelt erkunden können.

Material

- Pappkarton ohne Deckel
- Milch- oder Saftkarton
- 4 Schraubdeckel von Milch- oder Saftkartons
- 1–2 Pappröhren von Toilettenpapierrollen
- Stock
- Heißklebepistole mit Klebepatrone
- Unterlage
- Wasserbecher
- Mischpalette oder Alufolie
- Acrylfarben (Weiß, Schwarz, verschiedene Metallicfarben)
- Pinsel
- Steine
- wasserfester Permanentmarker in Schwarz, Lackstift in Schwarz oder Wachsmalstift in Weiß
- eventuell Magnetklebeband

Anleitung

1

Entferne den Deckel des Pappkartons oder schneide ihn mit einer Schere ab (siehe Seite 7). Entferne anschließend die Toilettenpapierreste von der Pappröhre. Je nachdem, wie groß deine Raketendüsen sein sollen, kannst du eine Röhre in zwei Hälften schneiden oder beide Röhren ganz lassen.

2

Das Raumschiff selbst entsteht aus einem Milch- oder Saftkarton. Du kannst aber auch eine andere quaderförmige Verpackung verwenden. Befestige die beiden Papprröhrenhälften beziehungsweise Papprröhren mit Heißkleber nebeneinander an der Unterseite des Milchkartons.

3

Je zwei der Schraubverschlüsse klebst du an die langen Außenseiten des Milchkartons.

4

Der Stock hält das Raumschiff im All. Klebe ein Ende mit Heißkleber mittig an eine Längsseite des Milchkartons.

5

Wenn der Heißkleber fest geworden ist, klebst du das untere Ende des Stocks ebenfalls mit Heißkleber an eine Wand des Pappkartons. Es kann einige Minuten dauern, bis der Kleber fest wird. In dieser Zeit solltest du den Stock vorsichtig mit den Fingern an die Kartonwand drücken. Achtung! Nicht in den heißen Kleber fassen, sondern nur den Stock anlangen! Auf dem Pappkarton verteilst du einige Steine und klebst sie fest.

6

Nun ist dein Raumschiff mit den Antrieben und den Luken fertig und fliegt bereits im Weltall. Aber die richtigen Farben fehlen noch. Bereite deshalb deine Mischpalette mit den entsprechenden Acrylfarben vor (siehe Seite 82).

7

Male das Weltall, also den Pappkarton samt Steinen komplett dunkel an. Dabei können die Farben zwischen Grau- und Schwarztönen variieren. Bemale auch den Stock, an dem das Raumschiff befestigt ist. Tupfe mit dem Pinsel, um deinem All und den Gesteinsbrocken Struktur zu verleihen.

Wusstest du, dass das Weltall nicht nur dunkel, sondern auch ein luftleerer Raum ist? Dort gibt es kein Sonnenlicht und auch keinen Sauerstoff zum Atmen. Astronaut*innen, also Menschen, die in das Weltall fliegen, würden ohne ihren Raumanzug nicht überleben.

8

Während die Farbe auf dem Pappkarton trocknet, kannst du das Raumschiff bemalen. Ich habe mich für metallische Farben entschieden und Gold, Rot und Silber gewählt.

9

Denk daran, auch die Unterseite des Raumschiffs zu bemalen. Anschließend lässt du das Raumschiff trocknen.

10

Der Großteil ist nun geschafft! Male an die Außenseiten des Weltalls mit weißer Acrylfarbe Sterne in Form von feinen Punkten. Anstelle eines dünnen runden Pinsels kannst du dazu auch einen weißen wasserfesten Permanentmarker, einen Lackstift oder einen weißen Wachsmalstift verwenden.

11

Wenn die Farbe des Raumschiffs getrocknet ist, spurst du alle Kanten und andere sichtbare Strukturen wie die Faltlaschen des Milchkartons mit einem schwarzen Permanentmarker nach und deutest Platten und Schrauben an deinem Raumschiff an. Jetzt ist es startklar für die Reise ins All.

12

Damit eine deiner Tonie®-Figuren auf dem Raumschiff ins Universum fliegen kann, befestigst du ein Stück Magnetklebeband auf der Oberseite des Milchkartons.

Bist du startklar für eine unvergessliche Reise in die Sternenwelt? Bereite deine Tonies® auf das spannende Abenteuer vor und entdeckt gemeinsam die Geheimnisse unseres Sonnensystems.

Die Welt der Tonies®
Showwelt

Bühne frei für deine Tonies®! Anne Kaffeekanne, Bummelkasten, die Punkies und die Minimusiker haben in deiner Showwelt ihren großen Auftritt.

Material

- Pappkarton mit abnehmbarem Deckel (z. B. Schuhkarton)
- Heißklebepistole mit Klebepatrone
- Schere
- Bleistift
- Lineal
- Klebestift
- weißer Buntstift
- Pinsel
- Wasserbecher
- Mischpalette oder Alufolie
- Tonkarton in Schwarz, 3–4 Bogen DIN A4
- Tonkarton in Silber, glitzernd, DIN A4
- 4 Bastelstäbchen aus Holz (»Eisstiele«)
- Acrylfarben (Weiß, Silber, Schwarz)
- Glitzerpulver in Silber
- eventuell LED-Lichterkette
- eventuell Konfetti

Anleitung

1

Schneide die Vorlage 4 aus. Lege sie als Schablonen auf den schwarzen Tonkarton und umfahre die Kontur mit dem weißen Buntstift, um die Formen auf den Tonkarton zu übertragen. Dann überträgst du mit dem weißen Stift und einem Lineal alle senkrechten und waagerechten Linien der Vorlage – auch die gestrichelten – auf Teil 1 und ziehst diagonale Linien durch die Schnittpunkte des so entstandenen Gitters. Schneide die Form aus und falte sie an den gestrichelten Linien so, dass das Gittermuster nach außen zeigt. Bestreiche die Klebefläche mit dem Klebestift und forme das Teil zu einer Säule mit quadratischem Grundriss. Auf diese Weise fertigst du weitere vier Säulen, die sogenannten Traversen, an.

Wusstest du, dass diese Säulen als Traverse bezeichnet werden? Man findet sie häufig auf Bühnen, denn sie können hohe Lasten tragen – beispielsweise ein Bühnendach.

2

Für die beiden Lautsprecherboxen legst du die Vorlage 5 auf den schwarzen Tonkarton und überträgst die Linien mit dem weißen Buntstift und dem Lineal. Dann schneidest du die Form aus, faltest sie entlang der gestrichelten Linien und klebst sie an der Klebefläche zum Quader zusammen. Eine zweite Lautsprecherbox fertigst du genauso an. Lege die Traversen und die Boxen vorerst beiseite.

3

Schneide vom schwarzen Tonkarton der Länge nach drei schmale Streifen ab und klebe sie an den Enden zusammen: Diesen langen Streifen, der später als Absperrband dient, legst du ebenfalls erst einmal zur Seite.

4

Schneide die Vorlagen 6 und 7 ebenfalls aus und verwende sie als Schablonen.

5

Zeichne mit Bleistift jeweils vier kleine Sterne, einen großen Stern, zwei kleine und zwei große Kreise auf silberfarben glitzernden Tonkarton und schneide die Formen aus. Die Sterne brauchst du erst später; deshalb legst du sie vorerst beiseite.

6

Klebe jeweils zwei der Kreise übereinander auf die Lautsprecherboxen – unten den großen, oben den kleinen Kreis.

7

Bestimmt läuft der Vorverkauf für deine große Show schon! Höchste Zeit, dass die Bühne fertig wird. Nimm den Deckel des Pappkartons ab und dreh den Pappkarton um, sodass die geschlossene Seite nach oben zeigt. Den Deckel des Pappkartons legst du mit der kurzen Seite mittig an die lange Seite des Pappkartons an und klebst ihn mit Heißkleber fest.

8

An die Enden der Längsseiten des Deckels klebst du je ein flaches Bastelstäbchen (»Eisstiel«). Daran wird später das Absperrband befestigt.

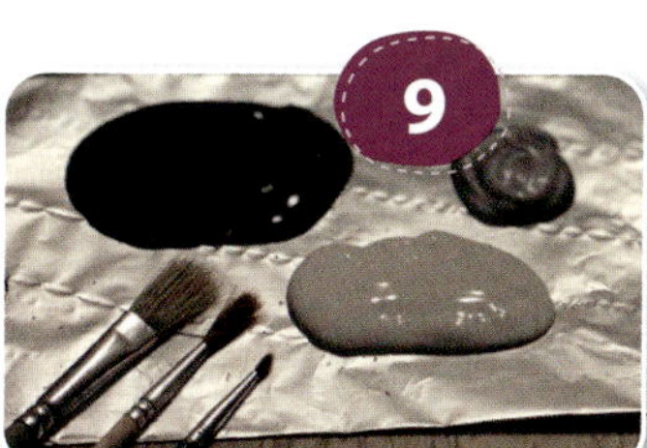

9

Bereite deine Mischpalette mit Acrylfarben in Schwarz, Weiß und Silber vor (siehe Seite 87).

10

Bemale den gesamten Pappkarton mit schwarzer Acrylfarbe. Das wird die große Bühne für deine musizierenden Tonies®.

11

Der Deckel wird zur Tanzfläche. Zeichne mit schwarzer Farbe und einem feinen Pinsel ein Karoraster vor und male die Vierecke im Wechsel schwarz und weiß aus.

12

Bemale den äußeren Bereich des Pappkartondeckels und die Holzstäbchen mit silberner Acrylfarbe. Fertig ist die Tanzfläche!

13

Für das Bühnendach legst du einen Bogen schwarzen Tonkarton auf die Bühne, zeichnest mit Bleistift den Überstand an und schneidest ihn mit einer Schere ab, sodass das Dach genauso groß ist wie die Bühne selbst.

14

Klebe mit Heißkleber eine der vier Traversen an jede Ecke des schwarzen Tonkartons für das Bühnendach.

15

Dann trägst du Heißkleber auf das untere Ende zweier Traversen auf und klebst sie auf den Ecken der Bühne fest. Wiederhole den Vorgang anschließend mit den beiden anderen Traversen.

Tipp
Wenn es dir leichter fällt, kannst du auch zuerst die Traversen auf die Ecken der Bühne kleben und dann das Dach daraufsetzen.

16

Jetzt kommt noch ein wenig Glamour ins Spiel! Befestige den großen Glitzerstern mit dem Klebestift in der Mitte der Bühne und platziere die beiden Lautsprecherboxen mit Heißkleber links und rechts davon auf der Bühne.

17

Den Papierstreifen für das Absperrband klebst du mit Heißkleber an die Außenseite des ersten Holzstäbchens links vor der Bühne.

18

Von dort aus führst du den Papierstreifen zum nächsten Holzstäbchen am vorderen Ende der Tanzfläche und klebst ihn dort ebenfalls fest. Auf diese Weise führst du das Absperrband rund um die drei Außenkanten der Tanzfläche. Was am Ende nach dem Ankleben am letzten Holzstäbchen rechts vor der Bühne noch übersteht, schneidest du ab.

19

Mit dem Klebestift befestigst du die vier kleinen Glitzersterne an den gewünschten Stellen auf und an der Bühne. Streiche mit dem Klebestift über die Bühne und verteile etwas silberfarbenes Glitzerpulver und, wenn du magst, Konfetti darauf. Ganz besonders glamourös wird deine Bühne, wenn du sie zusätzlich mit einer LED-Lichterkette schmückst.

20

Deine Showwelt ist fertig! Lade all deine talentierten Tonies® zu einem großen Konzert ein. Singt, tanzt, feiert und lacht!

Welten kombinieren

Hast du bereits zwei oder sogar mehr Tonie®-Welten erschaffen und stellst dir die Frage, wie die einzelnen Welten zusammengeführt werden können? Im Folgenden werde ich dir zeigen, wie die Elemente der verschiedenen Welten zu einer großen bunten Welt vereint werden können.

Anleitung

Es gibt drei Möglichkeiten, um die Welten miteinander zu verbinden: Mit Heißkleber, doppelseitigem Klebeband oder Klettverschluss.

- Heißkleber: Klebe die Welten an den jeweiligen Außenseiten mithilfe einer Heißklebepistole zusammen. So sind sie dauerhaft fest miteinander verbunden.
- Doppelseitiges Klebeband: Befestige ein Stück doppelseitiges Klebeband an der Außenseite einer Welt und klebe sie mit einer anderen Welt zusammen.
- Klettverschluss: Durch Zusammenkleben mit der Heißklebepistole und dem doppelseitigen Klebeband werden die Welten dauerhaft miteinander verbunden und können nicht mehr voneinander getrennt werden. Falls du die Welten immer wieder austauschen und neu kombinieren möchtest, empfiehlt sich die Klettverbindung.
  Befestige einen Teil eines Klettverschlussstreifens an der Außenseite einer Welt und klette den anderen Streifen so darauf, dass seine Klebefläche nach außen zeigt. Drü-

cke die Welt an dieser Stelle mit einer anderen zusammen. Das kannst du mit so vielen Welten wiederholen, wie du möchtest.

Ich habe einen selbstklebenden Klettverschluss verwendet, sodass kein zusätzlicher Kleber benötigt wurde.

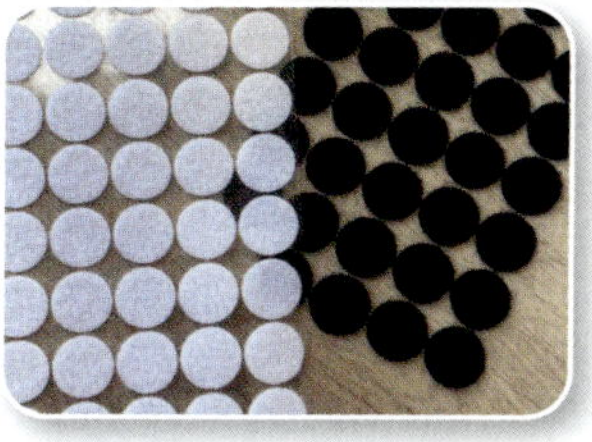

Die kleine Hexe freut sich ganz bestimmt, im Nu auf ihrem Besen zum Schiff zu düsen, um den Playmos zu helfen, den von Barbarossa geplünderten Schatz zurückzuerobern. Sicherlich hat auch das kleine Gespenst große Lust, mit Räuber Hotzenplotz im Wald Unfug zu treiben. Ganz zu schweigen von Vaiana, die vor Aufregung außer sich sein wird, wenn der kleine Prinz sie auf eine Reise ins Weltall mitnimmt. Auch Lillifee und Elsa können es kaum erwarten, auf der Bühne neben ihrem Zuhause aufzutreten. Das Publikum werden sie mit ihren Gesangseinlagen garantiert fesseln!

So toll können die verschiedenen Welten in Kombination miteinander aussehen. Lass auch du neue Welten entstehen!

Kombination der Hochseewelt und Meereswelt

Kombination der Raumfahrtwelt und magischen Welt

Kombination der Mittelalterwelt und Farmwelt

Kombination der magischen Welt, Showwelt und Eiswelt

Kombination der magischen Welt, Raumfahrtwelt und geheimen Inselwelt

Kombination der Mittelalterwelt, Showwelt und Waldwelt

Kombination der Hochseewelt, geheimen Inselwelt, Meereswelt und Waldwelt

Kombination der Hochseewelt, geheimen Inselwelt, Meereswelt und Raumfahrtwelt

Kombination der Farmwelt, Pferdewelt, Mittelalterwelt und Waldwelt

Kombination aus allen Welten

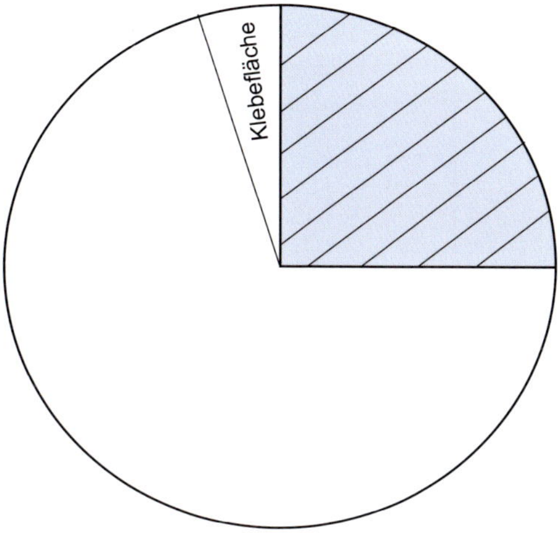

Vorlage 1

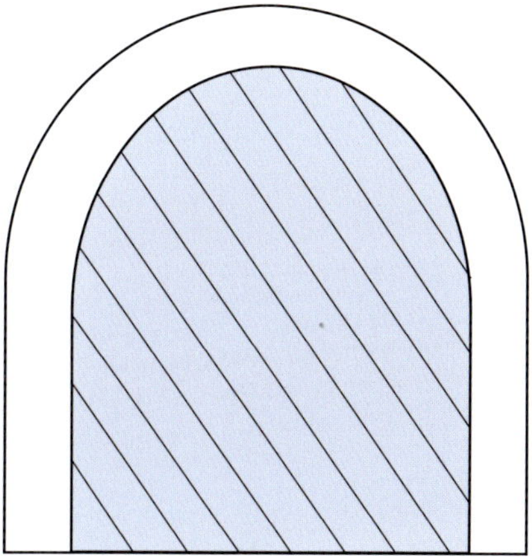

Vorlage 2

Vorlage 3

Vorlagen einscannen und auf die gewünschte Größe anpassen. Dann ausdrucken und benutzen.

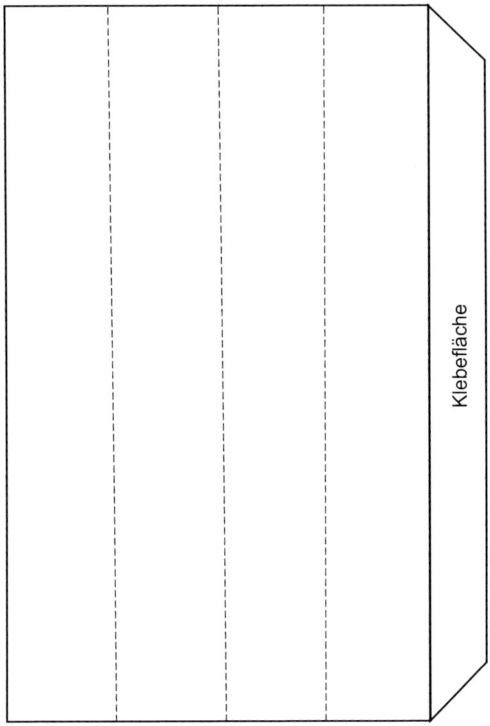

Vorlage 4

Vorlage 5

Vorlage 6

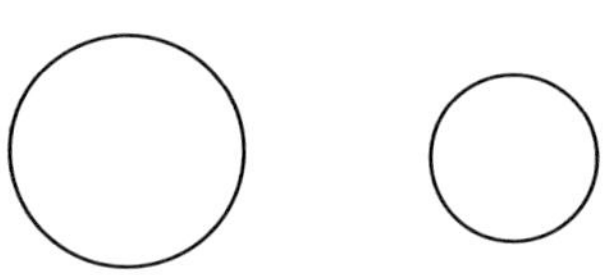

Vorlage 7

Der eigene Garten ist nicht nur ein inspirierender Ort zur Regeneration von Körper, Geist und Seele, sondern auch ein wichtiger Baustein in unserem komplexen Ökosystem, denn für Vögel, Insekten und Kleinsäuger schafft er einen Ausgleich für verloren gegangene Lebensräume. Von zunehmender Bedeutung aber ist mittlerweile die Rolle des heimischen Gartens als natürlicher Filter für Luftschadstoffe, Feinstaub und Lärm. Dieses Handbuch legt daher seinen Schwerpunkt auf das sogenannte „Klimagärtnern". Die weithin bekannten Gartenprofis Heike Boomgaarden und Werner Ollig, unterstützt von 35 Fachkolleginnen und -kollegen, verbinden darin jahrtausendealtes Wissen mit neuen, kreativen Ansätzen und helfen dabei, Arten- und Klimaschutz in idealer Weise miteinander zu verknüpfen. Schritt für Schritt und unterlegt mit zahlreichen Fotos und Praxisbeispielen, erklären sie darin alles, was für ein ebenso nachhaltiges wie erfolgreiches Gärtnern nötig ist.

Heike Boomgaarden/Werner Ollig

Der klimafreundliche Garten: So geht's!

Ein Praxishandbuch

336 S., 419 farb. Abb. 24 Tab., geb., 16,5 x 23 cm

ISBN 978-3-494-01944-4
Best.-Nr.: 494-01944

€ 24,95

Preisstand 2024 – Änderungen vorbehalten

Exotische Schönheiten in heimischen Gärten

Magnolien gehören zu den ältesten Blütenpflanzen der Erde. Sie sind wahrhaft zauberhaft, haben sie doch die größten Blüten aller Baum- und Straucharten, die in unseren Breiten kultiviert werden können. Andreas Bärtels - einer der namhaftesten Dendrologen in Deutschland - stellt in diesem Buch 60 Arten und Hybriden sowie mehr als 400 Sorten ausführlich vor. Auch Tulpenbäume werden berücksichtigt. Einleitende Kapitel beschreiben unter anderem die morphologischen Merkmale der Arten, ihre Stellung im Pflanzensystem und die jahrtausendealte Bedeutung der Magnolien als Heilpflanze. Hilfreiche Tipps zum erfolgreichen Pflanzen und Pflegen sowie weitergehende Hinweise zu ihren Standortansprüchen, der Bodenvorbereitung, zu Schnitt und Vermehrung runden dieses praktische Buch ab.

Andreas Bärtels

Zauberhafte Magnolien

Exotische Schönheiten in heimischen Gärten

288 S., 431 farb. Abb., 3 Karten, geb., 16,5 x 24 cm

ISBN 978-3- 494-01789-1
Best.-Nr.: 494-01789

€ 9,95